복히 나~

그건 틀겼

틀해 우주나

내들행번

있다고

쫄업 것이다

정현종 시인의 사유 깃든
릴케 시 여행

정현종 문학 에디션 1

정현종 시인의 사유 깃든
릴케 시 여행

초판 1쇄 인쇄 2015년 7월 25일
초판 1쇄 발행 2015년 8월 05일

지은이 라이너 마리아 릴케
옮긴이 정현종
펴낸이 정중모
편집인 민병일
펴낸곳 문학판

기획 · 편집 · Art Director | Min, Byoung-il
Book Design | Min, Byoung-il
편집장 박은경 | 책임편집 김종숙 | 편집 김정래 조예원 | 디자인 김경아 이명옥
제작 윤준수 | 마케팅 김경훈 박치우 | 관리 박지희 김은성 조아라 | 홍보 김계향

등록 1980년 5월 19일(제406-2003-026호)
주소 경기도 파주시 회동길 121(문발동)
전화 031-955-0700 | 팩스 031-955-0661~2
홈페이지 www.yolimwon.com | 이메일 editor@yolimwon.com

Printed in Seoul, Korea

이 책의 본문 26쪽, 34~35쪽, 42쪽에 삽입된 이미지의 저작권은 사진 소유권자와 문학판에 있습니다. 저작권법에 의해 한국 내에서 보호를 받는 저작물이므로 사용하려면 반드시 사진 소유권자와 문학판 양측의 동의를 받아야 합니다.

ISBN 978-89-7063-876-8 04850
       978-89-7063-875-1 (세트)

책값은 뒤표지에 있습니다.

문학판은 열림원의 문학 · 인문 · 예술 책을 전문으로 출판하는 브랜드입니다.

문학판의 심벌인 무당벌레는 유럽에서 신이 주신 좋은 벌레, 아름다운 벌레로 알려져 있으며, 독일인에게 행운을 의미합니다. 문학판은 내면과 외면이 아름다운 책을 통하여 독자들께 고귀한 미와 고요한 즐거움을 드리고자 합니다.

이 도서의 국립중앙도서관 출판예정도서목록(CIP)은 서지정보유통지원시스템
홈페이지(http://seoji.nl.go.kr)와 국가자료공동목록시스템(http://www.nl.go.kr/kolisnet)에서
이용하실 수 있습니다. (CIP제어번호: CIP2015019831)

정현종
문 학
에디션
1

Rainer Maria Rilke

정현종 시인의 사유 깃든
릴케 시 여행

정현종 옮기고 감상

문학판

라이너 마리아 릴케 Rainer Maria Rilke | 1875~1926

세계적인 독일의 시인. 1875년 체코 프라하에서 태어났다. 본명은 르네 칼 빌헬름 요한 요제프 마리아 릴케. 육군 유년 학교에서 군인 교육을 받았으나 중퇴하고 프라하 대학에서 예술사, 문학사 공부를 시작했다가 곧이어 뮌헨 대학으로 옮겨 예술사, 미학 등을 공부하였다. 이때 릴케의 인생과 작품세계에 커다란 영향을 미친 열네 살 연상의 작가이자 평론가인 루 살로메를 만난다. 특히 루 살로메 부부와 떠난 두 번의 러시아 여행에서 얻은 깊은 정신적 영감을 바탕으로 초기시의 대표작 『기도시집』이 완성되었다. 1902년 파리에서 조각가 로댕을 만나며 조형 예술세계를 접한 릴케의 시세계는 크게 변모해 『형상시집』, 『말테의 수기』에 이어서 사물시의 결정으로 불리는 『신시집』을 발표했으며 작가로서 이름을 떨쳤다. 스위스 체류와 제1차 세계대전의 체험, 아프리카와 스페인 등지의 여행은 릴케 말년의 역작인 『두이노의 비가』, 『오르페우스에게 부치는 소네트』에 깊은 정신적 영감을 주었다. 십여 년에 걸쳐 쓰인 『두이노의 비가』, 『오르페우스에게 부치는 소네트』는 죽음으로서 삶을 완성하는 존재의 새로운 경지를 개척하였으며 보들레르를 잇는 서구시의 정점으로 평가받았다.

인간 실존에 대한 깊은 통찰력, 사물의 본질에 대한 미적 탐구, 인간을 희구하는 고독, 삶과 죽음에 대한 형이상학적인 사유를 담아냈던 그는 폴 발레리, T. S. 엘리엇과 함께 20세기 최고의 시인의 반열에 오르며 20세기 독일 현대 작가들 사이에서 독보적인 위치를 인정받고 있다.

정현종

1939년 서울에서 태어나 연세대학교 철학과를 졸업했다. 1965년 《현대문학》으로 등단한 뒤, 첫 시집 『사물의 꿈』 이후 『나는 별아저씨』, 『떨어져도 튀는 공처럼』, 『사랑할 시간이 많지 않다』, 『한 꽃송이』, 『세상의 나무들』, 『갈증이며 샘물인』, 『견딜 수 없네』, 『정현종 시선집 1·2』, 『광휘의 속삭임』, 『그림자에 불타다』 등을 펴냈으며, 『고통의 축제』, 『사람들 사이에 섬이 있다』, 『이슬』, 『시인의 그림이 있는 정현종 시선집 섬』 등의 시선집과 문학 선집 『거지와 광인』, 산문집으로 『날자, 우울한 영혼이여』, 『숨과 꿈』, 『생명의 황홀』, 『날아라 버스야』, 『두터운 삶을 향하여』 등이 있다.

번역서로는 파블로 네루다의 『스무 편의 사랑의 시와 한 편의 절망의 노래』, 『네루다의 시선』, 『100편의 사랑 소네트』, 『충만한 힘』, 『질문의 책』, 페데로코 가르시아 로르카 시선집 『강의 백일몽』 등이 있다.

한국문학작가상, 연암문학상, 이산문학상, 현대문학상, 대산문학상, 미당문학상, 경암학술상(예술부문) 김달진문학상, 만해문학대상 등을 수상했다. 2004년에는 칠레 정부에서 전 세계 100인에게 주는 '네루다 메달'을 받았으며, 연세대학교 문과대 국문과 교수를 역임했다.

목 차

책머리에 10

기도하는 시간을 위한 책

    7 14
    9 20

산보 28

입구 36

가을날 44

가을 52

빛 속의 붓다 60

오르페우스에게 부치는 소네트

    I 68
    II 78
    III 84
    VII 92
    XII 98
    XV 106
    XIX 114
    XX 120
    2부 I 128
    부록 II 136

두이노의 비가

    제1비가 144

작가연보 163

바탕면지
1889년 니체가 『Ecce homo』를 집필한 원고지

만년필로 글을 쓰고 있는 정현종 시인의 손과
반 세기 가까이 시를 불러낸 시인의 만년필

책머리에

신이 이 세상(바깥세상)을
창조했다대면 리이너 마리아 릴케는
내면 세계를 창조했다.
릴케의 이 '내면'은
'무한'의 다른 이름인데,
그 스스로 무한하기 때문에
모든 것이 또한 무한하다.
그렇다고 하는 것은, 모든 것이
시인의 즉각적인 내면화를 통해서,
즉 무한한 내면의 작용을
통해서 탄생과 변용을
지속한다는 이야기이다.
한결 제약이 없는 이 영혼의
바람과 같은 움직임 속에

순간순간 탄생하고 변몰하는
시물을 우리는 작품 속에서
만나게 되는데, 그럴 때의
경이로움은 한 편을 읽든
열 편을 읽든 마찬가지이다.
여기 번역한 작품들도
위와 같은 시인의 영혼이 낳은
작품이니 우리는 그 울림의
끝없는 여운 속에 있게
될 것이다.

2015년 8월
정 현 종

"나무 한 그루 저기 솟아올랐다. 오 순수한 상승!
오 오르페우스가 노래한다! 오 귓속에 높은 나무!"

                    라이너 마리아 릴케
                         한역

7

(기도하는 시간을 위한 책)

나는 세상에서 무척 외롭지만, 매 순간을 신성하게 할 만큼
외롭지는 못합니다.
나는 세상에서 너무 작지만
영리하고 드러나지 않게
당신 앞에 꼭 무슨 물건처럼 놓여 있을 만큼
그렇게 작지는 못합니다.
나는 내 자신의 의지를 원하며, 다만 내 의지와
함께하기를 원합니다—그게 행동을 향해 움직일 때,
그리고 침묵 속에서, 때로 시간이 좀체 흐르지 않아
뭔가 가까이 오고 있을 때,
나는 알 수 없는 것들을 아는 사람들과 같이 있고 싶습니다.
그렇지 않으면 혼자 있겠어요.
나는 당신의 온몸을 위한 거울이고 싶으며,
또한 당신의 무겁고 흔들리는 영상을 지탱하지
못할 만큼 눈멀거나 늙고 싶지 않습니다.
나는 드러나고 싶습니다.
나는 드러나지 않은 채 어디 있고 싶지 않아요,
내가 드러나지 않은 곳에서는, 나는 한 거짓이기 때문입니다.
그리고 당신 앞에서 내 사물의 파악이

참된 것이기를 바랍니다. 나는 자신을,
아주 오랫동안 가까이서 본 그림처럼
그리고 싶으며,
내가 마침내 이해한 말처럼 말하고 싶습니다,
내가 매일 쓰는 주전자처럼
내 어머니의 얼굴처럼,
험한 폭풍우를 뚫고
안전하게 나를 데려가는
배처럼.

외로움과 그리움이 절절히 사무치신
하나님을 우리는 예기하 만난다.
자신에 대해서나 사물에 대해서나
그 ~~단박 이해가~~ (왠지) 급히 된 것이기를
바라는 ~~간절한~~ 간절한 마음이 어쩌지
이 시인만의 바램이라고.

외로움과 작음의 질적 상한선 하나를 우리는 여기서 만난다. 자신에 대해서나 사물에 대해서나 그 앎이 참된 것이기를 바라는 간절한 마음이 어찌 이 시인만의 바람이랴.

9

(기도하는 시간을 위한 책)

한 사람이 그다지도 당신 갖기를 바라니,
우리 모두가 당신을 원할 수 있다는 걸 나는 알아요.
우리가 모든 깊이를 우리들로부터 내버릴 때조차도;
어떤 산에 금이 묻혀 있는데
아무도 그걸 더는 파내지 못하게 되어 있다고 해 보지요;
물이 그걸 드러낼 거예요, 돌의
침묵에 닿는 물이,
그게 바라는 바를 해내요.

우리가 우리 의지를 쓰지 않을 때조차도:

신은 자라고 있습니다.

우리의 의지가 아주 간곡한
것일 때 그것은 필경 자기가
원하는 바를 해낼 수 있을
터인데도 말하고 있는바 그건
                  라고
이 작품에 대한 아주 상투적인

해석에 불과할 것이다.

정작 우리를 사로잡는 건

이 시인의 말하는

방식의 미묘함이다.

우리는 그 미묘함이 일으키는

따장 속에 빠일 잃고

그냥 앉아있게 된다. 그러다보면

우리는 자기가, 아주 천천히,

금이 되고 또 물이 되는 걸 느끼고,

신이 자라듯이 자기가 자라는 걸

감지하는 것이다. 자연이 자기의

일을 하듯이 배움도 그게

자연일 때 자기의 일을

최상의 수준에서 해낸다.

그걸 우리는 아름답다고 한다.

우리의 의지가 아주 간곡한 것일 때 그것은 필경 자기가 원하는 바를 해낼 수 있을 터라고 말하고 말면 그건 이 작품에 대한 아주 상투적인 해석에 불과할 것이다. 정작 우리를 사로잡는 건 이 시인의 말하는 방식의 미묘함이다. 우리는 그 미묘함이 일으키는 파장 속에 말을 잃고 그냥 있으면 된다. 그러면 우리는 자기가, 아주 천천히, 금이 되고 또 물이 되는 걸 느끼고, 신이 자라듯이 자기가 자라는 걸 감지할 것이다. 자연이 자기의 일을 하듯이 마음도 그게 자연일 때 자기의 일을 최상의 수준에서 해낸다. 그걸 우리는 아름답다고 한다.

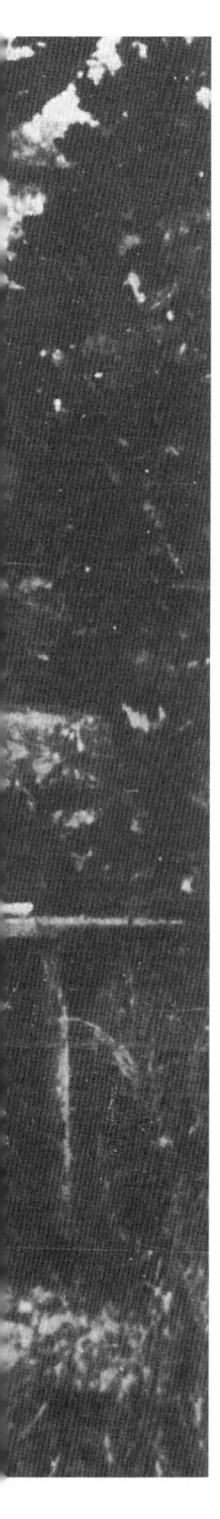

숲 속 벤치에서 독서하는 릴케, 1913년

산보

내 눈은 벌써 밝은 언덕에 닿는다,
들어선 길을 멀리 앞질러 가면서.
그렇게 우리는 우리가 붙잡을 수 없는 것에 붙들린다;
그건 그 내부의 빛을 갖고 있다, 먼 데서도—

그리고, 비록 우리가 거기 닿지 못한다 해도, 우리를
어떤 다른 게 되게 한다, 느끼긴 어려워도, 우리가 이미 그것인 어떤 것;
어떤 몸짓을 우리한테 흔들어 보낸다, 우리의 신호에 대답하면서……
허나 우리가 느낀 건 우리 얼굴에 불어오는 바람.

이 내면적 인간은 오감으로 느낀 것을 즉시 내면화한다.
그리고 그의 오감은 같고 같으며 한없이 강할하다. 그 속에서
우리가 오늘날 거의 몰땅 잃어버린 사물의 신비는 살아나고
세계를 묵한 쪽으로 열린다.

그에게 세계는 보이같이 아니다.

이 내면적 인간은 오감으로 느낀 것을 즉시 내면화한다. 그리고 그의 교감은 깊고 깊으며 한없이 광활하다. 그 속에서 우리가 오늘날 거의 몽땅 잃어버린 사물의 신비는 살아나고 세계는 무한 쪽으로 열린다. 그에게 세계는 바깥이 아니다.

라이너 마리아 릴케의 독일 책 표지에 실린 릴케의 실루엣(1966년)

입구

당신이 누구이든지 간에: 어느 날 저녁 당신의 집을 떠나
발을 옮겨 보십시오, 당신이 잘 아는 거길 떠나.
거대한 공간이 가까이 있습니다, 당신의 집은 그게 시작되는 데 있구요.
당신이 누구이든지 간에.
당신의 눈은 기울어진 입구에서 좀체
눈을 뗄 수 없음을 알겠지만, 당신의 눈으로
천천히, 천천히, 검은 나무 한 그루를
들어 올리십시오, 그게 하늘을 배경으로 서 있도록:
바싹 마르고 외롭게.
그걸로 당신은 세계를 만들었습니다. 세계는 광대하고
말(언어)처럼 침묵 속에서 아직 자라고 있습니다.
당신의 의지가 그걸 잡으려는 순간,
당신의 눈은, 그 엷고 묘함을 느껴, 그걸 내버려 두게 될 것입니다.

침묵을 퍼내어   거대한 공간이
　　　시인은
시작된다. 그 공간에 서 있는 나무를

'눈으로 차근차근…… 들어 올려'라고 권한다.

그냥 바라보는 게 아니다.

나무를 눈으로 들어 올리면

크게 자신도 들어 올려진다.

비슷이 나무들은

그걸 바라보는 사람을 자라게 한다.

의지(인위적인 것)와 달리

눈은, '그 없는 무한을 느끼게'

　　그 직접성 속에서,

그걸 내버려가 들으셔서

그 사람을 지나가게 한다.

집을 떠나면 거대한 공간이 시작된다. 시인은 그 공간에 서 있는 나무를 '눈으로 천천히…… 들어 올리'라고 권한다. 그냥 바라보는 게 아니다. 나무를 눈으로 들어 올리면 자기 자신도 들어 올려진다. 세상의 나무들은 그걸 바라보는 사람을 자라게 한다. 의지(인위적인 것)와 달리 눈은, 그 직접성 속에서, '그 엷고 묘함을 느껴' 그걸 내버려 둠으로써 그 사람을 자라게 한다.

1901년의 릴케와 클라라 릴케 베스트호프

가을날

주여, 때가 되었습니다. 여름은 참으로 위대했습니다.
당신의 그림자를 해시계 위에 드리워 주시고
들판에는 바람을 풀어 놓아 주소서.

열매들이 살찌도록 부추겨 주소서;
그들에게 이틀만 더 따뜻한 날을 주시고,
크나큰 완성을 이루도록 해 주시며,
무거운 포도송이에 마지막 단맛이 들도록 해 주소서.

지금 집이 없는 사람은 앞으로도 짓지 못할 것입니다.
지금 홀로 있는 사람은 줄곧 홀로 있을 것이며,
잠 못 들어, 책을 읽고, 긴 편지를 쓸 것이요,
낙엽이 바람에 불려 갈 때
가로수 길을 이리저리 헤메일 것입니다.

파리에서 어렵게 살던
1902년 가을에 쓴 시.
이미 릴케의 시 중에서
제일 많이 알려진 게 아닐까 한다.
번역은 조잡씩 더듬지만.

파리에서 어렵게 살던 1902년 가을에 쓴 시.
 아마 릴케의 시 중에서 제일 많이 알려진 게 아닐까 한다. 번역은 조금씩 다르지만.

클라라 릴케가 만든 릴케의 조각상

가을

나뭇잎들이 떨어집니다, 저 먼 위에서인 듯 떨어집니다,
저 공중 높은 데서 과수원이 죽어 가는 듯이.
잎들은 각기 "아니"라고 몸짓하는 듯이 떨어집니다.

그리고 오늘 밤에는 무거운 지구가 떨어집니다,
고독한 다른 별들에서 떠나.

우리는 모두 떨어집니다. 여기 이 손도 떨어집니다.
그리고 다른 손들을 보세요…… 그것도 그들 속에 있습니다.

그런데 **누군가** 계십니다, 두 손으로
한없이 조용하게, 이 모든 낙하(落下)를 받치고 있는 분이.

「가을부」과 함께 이 작품도
잘 알려진 것인데,
금방 알 수 있듯이
가을의 전형적인 특징인
조락에 관한 노래.

조락의 실감을 증폭시키는
표현이 놀라울 따름이다.

지구 전체거나 떨어지고,
여기 이 손도 떨어진다……

「가을날」과 함께 이 작품도 잘 알려진 것인데, 금방 알 수 있듯이 가을의 전형적인 특징인 조락에 관한 노래. 조락의 실감을 증폭시키는 표현이 놀라울 따름이다. 지구 전체가 떨어지고, 여기 이 손도 떨어진다······.

최초의 릴케 시집 『인생과 노래』

베를린에서 쓴 작품 「형상시집」

빛 속의 붓다

모든 중심들의 중심, 속 중의 속,
아먼드, 스스로에 둘러싸여 향미(香味) 깊어지는—
이 만물, 더 먼 별들
그리고 그 너머까지 모두가 당신의 살, 당신의 과일입니다.

이제 당신은 느끼십니다 그 어떤 것도 당신한테 매여 있지 않음을;
당신의 광활한 외피(外皮)는 끝없는 공간에 닿아 있고
거기 진한 즙이 솟아 나와 흐릅니다.
당신의 무한 평화로 빛을 얻어,

수없는 별들 밤새 회전하며
당신 머리 위 높이 타는 듯 빛납니다.
그러나 당신 속에 앞으로 있을 것이
이미 있습니다, 모든 별들이 죽을 때에도.

1905년 9월 20일
클라라 릴케에게 보낸 편지에는
이런 대목이 있다.

저녁을 먹자마자 난 물러나와,
적어도 8시 30분에는
내 작은 방에 있어요.
내 앞에는 광대한 꽃피는
별들 총총한 밤, 그리고
창문 아래로는 자갈길이
작은 언덕으로 올라가고 있는데,
열렬한 어둠 속에,
그 위에,

불상(佛像) 하나가 있어요,
조용한 시골거불법로,
밤과 낮의 온 하늘 아래 그의
몸짓이 말로 할 수 없는
자족(自足)을 보내하면서.
'그불은 세계의 중심입니다'
라고 바는 로댕에게 말했어요.

"당신의 광활한 외따른 끝없는
         마음을
공간에 닿아 있고" 라는 우신호가
『대승기신론소』에 화업경을
              하
인용하며 하는

"허공의 가(邊)를

헤는 것은 오히려 될 수 있어도

불(佛)의 큰 도(道)는

가(涯)도 없고 한계도 없다"는

말과 흡사하다.

(나의 산문집
『둥근 삶을 행하여』의
「마음의 빛」참조)

1905년 9월 20일 클라라 릴케에게 보낸 편지에는 이런 대목이 있다.

저녁을 먹자마자 나는 물러 나와, 적어도 8시 30분에는 내 작은 방에 있어요. 내 앞에는 광대한 꽃피는 별들 총총한 밤, 그리고 창문 아래로는 자갈길이 작은 언덕으로 올라가고 있는데, 그 위에, 열렬한 과묵 속에, 불상(佛像) 하나가 있어요, 조용한 사려분별로, 밤과 낮의 온 하늘 아래 그의 몸짓의 말로 할 수 없는 자족(自足)을 분배하면서. '그분은 세계의 중심입니다' 라고 나는 로댕에게 말했어요.

"당신의 광활한 외피는 끝없는 공간에 닿아 있고"라는 말은 원효가 『대승기신론소』에서 화엄경을 인용하며 한 "허공의 가(邊)를 찾으면 오히려 될 수 있어도 불(佛)의 한 모공(毛孔)은 가(涯)도 없고 한계도 없다"는 말과 흡사하다(나의 산문집 『두터운 삶을 향하여』의 「마음의 빛」 참조).

I
(오르페우스에게 부치는 소네트)

나무 한 그루 저기 솟아올랐다. 오 순수한 상승!
오 오르페우스가 노래한다! 오 귓속에 높은 나무!
그리고 모든 게 입 다물었다. 하지만 그 침묵 속에서도
새로운 시작, 부름, 변화가 나타났다.

조용한 동물들이, 굴과 보금자리에서 나와, 밝은
매인 데 없는 숲에서 모여들었다;
그리고 그들이 그다지도 조용한 것은 책략
때문이 아니고 두려움 때문도 아니며,

다만 듣고 있기 때문이었다. 울부짖음, 포효, 날카로운 소리는
그들의 가슴속에 별로 없는 듯했다. 그리고
음악을 듣기 위한 임시 오두막이 있던 자리에,

그들의 알 수 없는 열망으로부터 은신처가 하나 세워졌다,
전율하는 기둥들이 있는—
당신이 그들의 경청 깊숙이 신전을 하나 세웠다.

이 소네트들은, 질케의 편지에
따르면, 모득이느의 비가를 추
신느라고 몰두하고 있을 때,
느닷없이 느끼게 바쳐 오직 거기
물중하여 받아 적을 수밖에
없었는데, 1부(26편)는 단
3일 만에 쓰였다.

이 작품들은
베라 크눕 (Vera Knoop)라는,
여고생복도 목숨과 음악에

비상한 재능을 갖고 있었으나
몸이 오그라드는 병(脂肪痛)에 걸려
18세 때 죽은 소녀의 묘비를
읽려 썼었다고 되어 있다.

I
   첫 두 줄은, 20세기의
제대로 된 시인들은 누구나
좋아하는 구절이 아닐까
짐작되는데,
네쯤 한 즉가 되 있는 게 아니라
'솔이올랐다' ~~하는~~ 하는 뒤미어

'오 순수한 생승!' 이라고

노래한 것, 그리고
'내 핏속에 놀은 백'에
이르기까지 모두 빠짐에
꼭 들기 때문이다.

나는 백들의 생승을
깎추는 법이 없고,
세속적인 모든 생승을 멀리
떠이너있는 (도대체 비교할 수 없는)
'순수한 생승'이다

'김수영 슬픈 새벽'과 함께

우리도 상승~~한다,~~ 산 적이
         계속

있다 (내가 상물림

□특권을 삶을 행하며 참조)

계속 ~~상하~~ 있는 새벽가
   상승하고

칯속에 있으니

우리도 계속 상승할 수밖에.

이 소네트들은, 릴케의 편지에 따르면, 『두이노의 비가』를 쓰느라고 몰두하고 있을 때, 느닷없이 터져 나와 오직 거기 복종하여 받아 적을 수밖에 없었는데, 1부(26편)는 단 3일 만에 쓰였다.

 이 작품들은 베라 크누프(Vera Knoop)라는, 어려서부터 무용과 음악에 비상한 재능을 갖고 있었으나 몸이 오그라드는 병(腺病)에 걸려 18세 때 죽은 소녀의 묘비를 위해 쓰였다고 되어 있다.

I

 첫 두 줄은, 20세기의 제대로 된 시인들은 누구나 좋아하는 구절이 아닐까 짐작되는데, 나무 한 그루가 서 있는 게 아니라 '솟아올랐다' 하고 뒤이어 '오 순수한 상승!'이라고 노래한 것, 그리고 '오 귓속에 높은 나무'에 이르기까지 모두 마음에 꼭 들기 때문이다.

 나는 나무들은 상승을 멈추는 법이 없고, 세속적인 모든 상승을 멀리 뛰어넘는(도대체 비교를 할 수 없는) '순수한 상승'이며 '귓속의 높은 나무'와 함께 우리도 계속 상승한다고 쓴 적이 있다(나의 산문집 『두터운 삶을 향하여』 참조).

 계속 상승하고 있는 나무가 귓속에 있으니 우리도 계속 상승할 수밖에.

『오르페우스에게 부치는 소네트』를
베라 크누프에게 바친 릴케

II

(오르페우스에게 부치는 소네트)

그건 거의 처녀였다—그녀의 내력인 시와 음악이
결합한 기쁨으로부터 온—
그리고 그녀의 봄옷을 통해 불타듯 빛나는 그녀를 나는 볼 수 있었다:
그녀는 내 귓속에 잠자리를 마련했다.

그리고 그녀는 내 속에서 잠잤다. 그녀의 잠은 모든 것이었다.
내가 늘 사랑한 나무들, 우리가 거의 만질 수 있는
먼 곳들, 내가 그다지도 느꼈던 목장들,
그리고 모든 기적을 나는 내 속에서 발견했다.

그녀는 세상을 잠자고 있었다. 노래하는 신이여
당신은 어떻게 그녀가 도무지 일어나고 싶지 않도록
했는가? 보라, 그녀는 일어나 있으면서 잠잔다.

이제 그녀의 죽음은 어디 있는가? 그리고 당신은 그걸 알게 될까,
당신의 노래가 다하기 전에?
그녀는 어디로 함몰하는가…… 실로 한 처녀는……

丑

칠깨는, 모든 비범한 시인이

그렇듯이, 대복불 범(凡)하게

넘기는 일에나 대상으로부터

충격과 영감을 받는다.

앞에서 말했듯이

　베짜는 근누들에게 일어난 일이

〈불티들 벌써〉

그들 하여금 이 소네트 연작을

쓰게 하였다.

그는 늘는 시인이다.

늘되 비범하게 길이 듣는다.

그 길이는 강렬한 같이이고

그 강렬함은 같은 강렬함이다.

그리하여 시물은 그의 침 속에서

경이로운 탄생을 한다.

그의 키는 시물이 놀라운

그늠(合褶) 속에서

다시 탄생하는 모태이다.

릴케는, 모든 비범한 시인이 그렇듯이, 대부분 범상하게 넘기는 일이나 대상으로부터 충격과 영감을 받는다. 앞에서도 말했듯이 '불타듯 빛나는' 베라 크누프에게 일어난 일이 그로 하여금 이 소네트 연작을 쓰게 하였다.

  그는 듣는 시인이다. 듣되 비범하게 깊이 듣는다. 그 깊이는 광활한 깊이이고 그 광활함은 깊은 광활함이다. 그리하여 사물은 그의 귓속에서 경이로운 탄생을 한다. 그의 귀는 사물이 놀라운 고양(高揚) 속에서 다시 탄생하는 모태이다.

III

(오르페우스에게 부치는 소네트)

신은 그걸 할 수 있다. 허나 말해 주겠나
사람이 어떻게 수금(竪琴)의 현 속으로 들어갈 수 있는지?
우리의 마음은 균열이다. 그리고 마음 - 길들의 그늘진 교차점에는
아폴로를 위한 신전이 없다.

그대가 배웠듯이, 노래는 욕망이 아니고
이룰 수 없는 은총을 구하는 것도 아니다;
노래는 현존이다. 신에게는 쉽다.
허나 언제 *우리는* 현존하는가? 언제 그분은

지구와 별들을 우리 속에 붓는가? 젊은 사람아,
그건 그대의 애정 행위가 아니다, 비록 그대의 입이
그대 자신의 목소리 때문에 크게 벌어졌다고 하더라도—알라

그 열정적인 음악을 잊는 법을. 그건 끝난다.
참된 노래는 다른 숨결이다, 무(無)를 둘러싸는.
신 속의 돌풍. 한 바람.

Ⅲ

오래전 처음 이 작품을
읽었을 때의 놀라움 감동이
지금도 생생하다.

뭐라 꼭 집어 말할 수 없는
'다른 숨결'이 돌돌하게
볕에 밝았으나 할까.

훌륭한 노래는 목을 둘러싸는
다른 숨결이라는 말은
끝내지 않는 시적 해득일
것이다.

그것은 시작 언어의 영원한

끔이기 때문이다,

그끔이 시작 언어의

힘의 원천이기 때문이다.

 한 우주가 시작되는 숨결.

희귀한 돌돌.

오래전 처음 이 작품을 읽었을 때의 감동이 지금도 생생하다. 물론 꼭 집어 말할 수 없는 '다른 숨결'이 돌풍처럼 불어왔다고나 할까. 참된 노래는 무를 둘러싸는 다른 숨결이라는 말은 끝나지 않는 시적 화두일 것이다. 그것은 시적 언어의 영원한 꿈이기 때문이며, 그것이 시적 언어의 힘의 원천이기 때문이다.

한 우주가 시작되는 숨결. 희귀한 돌풍.

파울라 모더 존 베커가 그린 릴케

VII

(오르페우스에게 부치는 소네트)

기리는 게 전부다! 그는 그걸 위해 호출되었고,
돌의 침묵에서 온 광석처럼 우리에게
왔다. 그의 죽게 마련인 심장은
불멸하는, 무진장의 술을 짜낸다.

신의 모범이 그의 목을 꽉 쥐는 걸
느낄 때마다 목소리는 그의 입에서 죽지 않았다.
모든 게 포도밭이 되고, 모든 게 포도가 되며,
그의 다감한 남쪽 언덕들에서 익는다.

왕들의 무덤 속의 부패도
신들에게서 떨어지는 그림자도
그의 훌륭한 기림을 감소시킬 수 없다.

그는 항상 우리와 함께하는 전령이며,
사자(死者)들의 문 안으로까지
칭송할 만한 익은 과일 그릇이 가도록 하기 때문에.

VII

시인은 기리는 사람이다.
그리하여 오르페우스의 음악이
그림들이, 심지어 사자(死者)들이
있는 곳까지 읽은 그녀의 그릇이
기도록 한다. '들의 침묵에서
올 기억' 같은 시가 얼마쯤
되리라만, 그의 기림은
'불멸하는 무진장의 술'을
짜내고, '모든 게 포도밭이

되고, 모르게 훈도가 되끼/
그의 따갑한 남쪽 언덕들에서
익는다. 그때 기림을 만물이 그를
스스로 익게 하는 기적을 얻은건다

6기림이 저벽다!

시인은 기리는 사람이다. 그리하여 오르페우스의 음악이 그렇듯이, 심지어 사자(死者)들이 있는 곳까지 익은 과일 그릇이 가도록 한다. '돌의 침묵에서 온 광석' 같은 시가 얼마나 되랴만, 그의 기림은 '불멸하는 무진장의 술'을 짜내고, '모든 게 포도밭이 되고, 모든 게 포도가 되며 / 그의 다감한 남쪽 언덕들에서 익는다.' **기림**은 만물이 그들 스스로 익게 하는 기적을 일으킨다.

'기림이 전부다!'

XII

(오르페우스에게 부치는 소네트)

우리와 함께하는 신(神) 만세; 그를 통해 상징들—거기서
우리가 참으로 사는—이 생겨나니.
그리고, 작은 발자국으로, 시계들은 간다
우리의 진정한 시간과 따로.

비록 우리가 우리의 참 상태를 모를지라도
우리의 행동은 순수한 관계에서 생겨난다.
멀리서, 안테나는 안테나를 듣고
텅 빈 먼 곳은 전해 온다……

순수한 마련. 오 들리지 않은 별하늘 음악!
너의 소리는 우리 나날의 일상의
모든 정태(靜態)로부터 보호받지 않는가?

농부의 일과 걱정에도 불구하고
그는 씨앗이 천천히 여름을 향해 변형되는
거기까지 가 닿을 수 없다. 땅은 준다.

XII

안드레아에 관해서는 질케의 편지 한 구절이 있다.

" 오 그대(베라)는, 여기서 이해하고 포착할 수 있는 모든 것을 넘어서 사랑하고 그네 마음의 안드레아로 가서 닿았는지……."

신, 순수한 관계, 순수한 빠르고 (이 '빠르'이라는 말의 독일어는 신장 [伸張], 긴장, 끝에닿기 같은

꽃이 들에 있다), 땅은 모두 하나로
묶일 수 있을 터이다.
거기로부터 모든 게 생겨난……。

안테나에 관해서는 릴케의 편지 한 구절이 있다.

"오 그녀(베라)는, 여기서 이해하고 포착할 수 있는 모든 것을 넘어서 사랑하고 자기 마음의 안테나로 가서 닿았는지……"

신, 순수한 관계, 순수한 마련(이 '마련'이라는 말의 독일어는 신장(伸張), 긴장, 끌어당김 같은 뜻이 들어 있다), 땅은 모두 하나로 묶일 수 있을 터이다. 거기로부터 모든 게 생겨나는…….

릴케가 『오르페우스에게 부치는 소네트』에 차용한 이미지

XV

(오르페우스에게 부치는 소네트)

잠깐······ 맛이 좋군······ 그러나 벌써 사라졌어.
······ 몇 개의 음표, 가벼운 두드림, 희미한
흥얼거림—그다지도 따뜻하고 말 없는 너희 소녀들아,
너희가 맛본 과일 맛을 춤추라!

오렌지를 춤추라. 누가 그걸 잊을 수 있는가,
스스로 속에 잠겨, 그건 자신의 단맛과
얼마나 싸웠을까. 너희는 그걸 가졌다.
맛있게 그건 너로 변했다.

오렌지를 춤추라. 햇빛 밝은 풍경—
그걸 *너로부터* 던지라, 그게 자란 땅의
산들바람 속에서 그게 빛나게 하라! 붉게 빛난다, 껍질을

벗겨라, 향내 또 향내. 부드럽게 거부하는
껍질과 너희 자신의 친밀함을 창조하라
그리고 즙 많은 기쁨으로 그걸 채우고 있는 주스를.

XV

'오렌지를 춤추라' 속에는

오렌지의 맛과 향과 빛깔과

그리고 그것이 열려 있는 공간이

그이 발로 춤 하려고 응축되어

있지 않은가! 그 안의 깊은 물물

시인의 울음으로 자라날 것이다.

나는 시의 밭에 가서 시래를

춤출 적이 있고 그 춤에

골똘하다가 별에 쏘인 적도

않으면, 나라를 좋아하는 아버지

아침마다 나라를 줍줍다.

'오렌지를 춤추라' 속에는 오렌지의 맛과 향과 빛깔과 그리고 그것들이 열려 있는 공간이 그야말로 즙처럼 응축되어 있지 않은가! 그 언어의 즙은 물론 시인이 온몸으로 짜낸 것이다.

나는 사과밭에 가서 사과를 춤춘 적이 있고 그 춤에 골똘하다가 벌에 쏘인 적도 있으며, 사과를 좋아하는 나머지 아침마다 사과를 춤춘다.

에밀 올리크가 그린 시인 릴케의 캐리커처

XIX

(오르페우스에게 부치는 소네트)

세계가 구름처럼 빠르게
그 모습을 바꾸고 있다고 하더라도, 여전히
성취된 것은 무너져
태고의 것으로 돌아간다.

변화와 무상(無常)을 넘어
더 크고 더 자유롭게
그대의 영원한 노래는 솟아오른다,
리라를 갖고 있는 신.

슬픔에 사로잡힌 적도 없고,
사랑을 안 적도 없으며,
죽음으로 우리를 떠나게 하는 것은

드러나지 않았다.
노래만이 온 땅을
드높이고 치유한다.

× 1 ×

네 번째 송시토에서 '노래는 헌주이다'라고 노래했다.

이것을 '시를 쓴다는 것은 삶이 있다는 것이다'라고 번역한 미국 시인도 있다.

이렇듯 슬픔에 사로잡힌 노래, 사랑을 잃은 노래는 '번힌테바 무덤을 넘어' 흘러나온다. '노래만이 본 형용을/드높이고 치유한다.'

세 번째 소네트에서 '노래는 현존이다'라고 노래했다. 이것을 '시를 쓴다는 것은 살아 있다는 것이다'라고 번역한 미국 시인도 있다.

어떻든 슬픔에 사로잡힌 노래, 사랑을 아는 노래는 '변화와 무상을 넘어' 솟아오른다. '노래만이 온 땅을 / 드높이고 치유한다.'

XX

(오르페우스에게 부치는 소네트)

그러나 신인(神人)이시여, 무슨 선물을 제가 당신께 드리리까,
  모든 피조물에 드는 법을 가르치신 분께?
  —오래전의 어느 저녁을 생각합니다,
  봄이었어요, 러시아에서—한 마리 말……

백마가 혼자 마을에서 왔어요
한쪽 다리가 밧줄에 묶인 채,
밤새 들판에서 혼자 있으려고;
갈기가 그 목을 때렸어요

완전한 기쁨의 리듬으로, 초원을
가로질러 방해받은 말발굽 소리를 내며.
어떤 도약이 그 종마의 핏속에서 계속됐는지요!

그는 광활함을 느꼈습니다, 그리고 오!
그는 노래하고 또 들었습니다—당신의 신화의 사이클이
  그 속에서 완성되었습니다.
                그의 이미지: 나의 선물.

××

 릴케가 루 안드레아스 살로메와
러시아에 여행 갔을 때, 저녁에,
볼가강 근처 초원에, 발굽을
울리고 힝힝거리거니 나타난

힌말을 보았다. 저녁 시간,
검은 초원과 힌말의 강렬한

콘트라스트가 ~~힌말을~~ 신비롭게
너무도
시인에게 각인되었으리라는

것은 짐작하기 어렵지 않다.

벼랑으로 뛰어내린 그 말은
강활함을 느끼거나 '완전한 기쁨의
리듬으로' 도약하고 있었고,
시인은 거기서 오르페우스의
입자를 느꼈으니······.

시인은 날라께에게 보낸
편지에서 그 말은 자기가
만들어 빚대로 썼으며, 거기에서
신인(神人) 오르페우스를
주재하고 있지 않는듯.

릴케가 루 안드레아스 살로메와 러시아에 여행 갔을 때, 저녁에, 볼가강 근처 초원에, 발굽을 울리고 힝힝거리며 나타난 흰말을 보았다. 저녁 시간, 검은 초원과 흰말의 강렬한 콘트라스트가 너무도 선명하게 시인에게 각인되었으리라는 것은 짐작하기 어렵지 않다.

벌판으로 뛰어나온 그 말은 광활함을 느끼며, '완전한 기쁨의 리듬으로' 도약하고 있었고, 시인은 거기서 오르페우스의 임재를 느꼈으니…….

시인은 살로메에게 보낸 편지에서 그 말을 자기가 만들어 냈다고 썼으니, 자기와 신인(神人) 오르페우스를 구별하고 있지 않는 듯.

릴케의 인생과 작품 세계에 커다란 영향을 미친
루 안드레아스 살로메

2부 I

(오르페우스에게 부치는 소네트)

숨 쉬라: 너 보이지 않는 시여! 완성하라
우리 자신의 본질과 우주의
교환을. 너 평형추여
거기서 내가 운율적으로 생겨나는.

단 하나의 파도―움직임, 그게
점차 바다가 된 것이 나인;
너, 우리의 모든 바다 중에 제일 포용적이니―
공간에서 자라난 따뜻함.

공간의 얼마나 많은 영역이 이미
내 속에 있는가. 내 헤매는 아들 같은
바람이 있다.

공기여, 너는 내가 흡수되었던 장소들로 가득 찬 나를 아는가?
너는 부드러운 나무껍질,
둥긂, 그리고 내 말들의 잎이니.

1

숨은 오래전부터 나 자신이 획득했는데, 그건 필경 내가 숨을 통해 우주나 만물과 내밀하게 연결되어 있다고 느껴졌기 때문일 것이다.
생명, 우주, 자연, 공기, 바람 같은 말들은 숨과 동의어이다.

시 쓰기와 숨쉬기는 ~~동의어이다.~~ 그리고 때로는
'그다음'
사랑도 동의어이다.

시의 숨결(음율) 속에서 비로소 생께나는 것이다. 숨은 시는 내 마음의 평형축이며 그러므로 만물(우주)의 평형축이다.

시인은 저기가 가고 머물렀던 장소들로 흡수되었다고 말하는데, 시인이 발자취 둘에간 그 장소들은 시인을 가득 채웠었다 즉 시인은 그 장소들의 공기로 가득 했고, 그 공기는 시적 생성의 원소이께 시인 자신이 곧 공기이다.

숨은 오래전부터 나 자신의 화두였는데, 그건 필경 내가 숨을 통해 우주나 만물과 내통하며 연결되어 있다고 느꼈기 때문일 것이다. 생명, 우주, 자연, 공기, 바람 같은 말들은 숨과 동의어이다. 시 쓰기와 숨쉬기 그리고 대문자 **생성**도 동의어이다. 시의 숨결(운율) 속에서 나는 생겨나는 것이니. 숨인 시는 내 마음의 평형추이며 그러므로 만물(우주)의 평형추이다.

시인은 자기가 가고 머물렀던 장소들로 흡수되었다고 말하는데, 시인이 빨려 들어간 그 장소들은 시인을 가득 채웠다. 즉 시인은 그 장소들의 공기로 가득 찼고, 그 공기는 시적 생성의 원소이며 시인 자신이 곧 공기이다.

러시아 여행 중 **톨스토이**의 가족들과 함께

부록 II

(오르페우스에게 부치는 소네트)

새로운 것이란, 친구들, 우리의 손일을
기계한테 시키는 게 아니에요.
변화 때문에 혼란해지지 말아요; '새로운 것'이라고
칭송되던 것들이 조만간 그 잘못을 깨닫게 될 거예요.

보건대, **전체**는 케이블이나 높은 아파트보다
무한히 더 새롭습니다.
별들은 오래된 불로 반짝이고 있고,
더 최근의 불은 꺼질 거예요.

가장 길고 강력한 전동(傳動) 장치도
앞으로 있을 기관(機關)을 돌릴 수 없을 거예요.
순간을 가로질러, 무한히 긴 시대들이 서로 이야기합니다.

우리가 경험한 것보다 더 많은 게 지나갔지요.
그리고 미래는 우리가 가장 깊이 원하는 것과
일치하는 가장 먼 사건을 갖고 있습니다.

II

"'새로운 것'이라고 칭송되는 것들이 조만간 그 잘못을 깨닫게 될 거예요" 라고 시인은 말한다. 물론 젊은 친구들에게 하는 말일 터인데,

시인은 '새로운 것' 보다 ~~무한에~~
'현재'가   (무한히)

더 새롭다고 말한다.

마음이 늘 무한을 들고 보는

아무것도 매인 데가 없이
영혼, 랑랑하니 자유로운

영혼, 그러므로 항상 새로움
속에 있는 영혼, 다시 말하여

힌뜩 시나에서도 말하는
'육죽적인 나'의 갈이로서(?)

스스로 생명력을 얻는

영혼····· 시적인 영혼.

"'새로운 것'이라고 칭송되던 것들이 조만간 그 잘못을 깨닫게 될 거예요"라고 시인은 말한다. 물론 젊은 친구들에게 하는 말일 터인데, 시인은 '전체'가 '새로운 것'보다 무한히 더 새롭다고 말한다.

마음이 늘 무한을 듣고 보는 영혼, 한껏 매인 데 없이 광활해서 자유로운 영혼, 그러므로 항상 새로움 속에 있는 영혼, 다시 말하여 힌두 사상에서도 말하는 '우주적인 나'의 깊이로부터 스스로 생명력을 얻는 영혼…… 시적인 영혼.

릴케가 마리 폰 투른 운트 탁시스 후작 부인의 초대로 방문하여
『두이노의 비가』의 영감을 얻은 두이노 성

제1비가

(두이노의 비가)

내가 소리치면, 천사들의 반열(班列)에서 누가
나를 들을까? 그리고 그중 하나가 나를
그의 가슴에 꽉 껴안는다고 하더라도: 나는 그
압도적인 존재 속에 소진되고 말 것을. 왜냐하면 美는
두려움의 시작일 뿐인데, 그건 우리가 겨우
견디고 있는 것,
그리고 우리가 그다지도 무서워하는 까닭은 그게 우리를
인멸하는 걸 평온히 떳떳지 않게 여기기 때문. 모든
천사는 무섭다.
그리하여 나는 스스로 삼가며 짝을 부르는 어두운
울음소리를 삼킨다. 아, 누구에게 도대체 우리가
필요한 걸 구할 수 있는가? 천사들도 아니고, 인간도
아니며,
그리고 알고 있는 동물들은 우리가 우리의 설명된 세계에서는 실로
편치 않다는 것을 안다. 아마 우리에게 언덕 위의
나무 몇 그루 남아 있을지 모른다, 매일 우리
시야에 들어오는; 우리에게 어제의 거리와
습관의 충실함이 남아 있을지 모른다—너무 익숙하고
편해서 한번 붙으면 떠나지 않는.
오 그리고 밤: 밤이 있다, 무한 공간으로 가득 찬
바람이 우리의 얼굴들을 갉는 때. 누구에겐들—

그 오랜 그리움 뒤에 고독한 가슴이 그다지도 괴롭게 만나는,
　가볍게 실망시키는 현존에게 그건 변함없이
　남아 있지 않으랴? 연인들에게는 좀 덜 힘들까?
　허나 그들은 자신의 운명을 감추기 위해 계속 서로를 이용하는 것.
　당신은 *아직* 몰랐는가? 당신 품속의 공허를
　우리가 숨 쉬는 공간으로 내던지라; 아마도 새들이
　더욱 열렬히 날며 확장된 허공을 느낄 것이다.

　그래—봄날은 당신이 필요했다. 종종 별 하나가
　자기를 보라고 당신을 기다렸다. 어떤 파동(물결)이
　먼 과거로부터 당신을 향해 몰려 왔고, 또는 당신이
　열린 창 아래로 걸어갈 때 어떤 바이올린이 당신의
　경청에 스스로를 내맡겼다. 그 모든 건 사명이었다.
　허나 당신은 그걸 완수했는가? 당신은 항상
　기대에 마음 흐트러지지 않았는가, 모든 일이
　한 연인을 알린다는 듯이?(그녀를 간직할
　곳을 어디서 찾을 수 있겠는가, 당신 마음속에
　온갖 거대하고 야릇한 생각들이 지나가고 흔히는 밤새
　남아 있는데)
　허나 당신이 그리울 때, 사랑에 빠진 여자들을 노래하라;

그들의 유명한 열정은 여전히 불멸이 아니기 때문이다.
버려지고 비참한 여자들(당신은 그들을 부러워한다,
거의)을
노래하라, 만족한 여자들보다 훨씬 더 순수한
사랑을 할 수 있었던 그들을.

이룰 수 없는 예찬을 되풀이해서 시작하라;
기억하라: 영웅은 계속 살아 있다; 그의 몰락조차도
그의 마지막 탄생을 이루는 구실에 지나지 않았다.
그러나 **자연**은, 소모되고 고갈되어, 연인들을
자기 속에 거둬들인다, 그들을 두 번 창조할 힘이
없다는 듯이. 당신은 가스파라 스탐파를 진지하게
생각해 본 일이 있는가, 어떤 버림받은 여자가
그 치솟는 목적 없는 사랑의 맹렬한 전범에
고무되어 "나도 그녀처럼 될 수 있을지 몰라"라고
중얼거리게 할 만큼 진지하게?
이 가장 오래된 고통이 마침내 우리를 위해 더욱
생산적인 게 되어야 하지 않는가? 우리가
우리 스스로를 사랑하는 사람으로부터 다정스레
해방시키고 그리고, 떨면서, 견뎌야 하는 시간이 아
닌가:
　마치 화살이 활시위의 팽팽함을 견디어 시위를 떠날
때의

휙 소리 속에서 그 스스로를 능가할 수 있듯이.
왜냐하면 우리가 계속 남아 있을 곳이 없으니.

목소리들. 목소리들. 들어라 내 가슴아 성자들이
들은 것같이만: 거대한 부름이 그들을 땅에서
들어 올릴 때까지; 그래도 그들은, 있을 수 없을 만큼,
무릎을 꿇은 채 전혀 알아채지 못했다:
그들의 경청은 그다지도 완전했으니. 당신이
신의 음성을 견딜 수 있었다는 게 아니다—그것과는
거리가 멀다. 그러나 바람의 목소리를 듣고
침묵으로부터 만들어지는 끊임없는 전언을 들으라.
그건 젊어서 죽은 이들이 당신을 향해 중얼거리는 소리이다.
나폴리나 로마의 교회에 발을 들여놓을 때마다
그들의 운명이 당신에게 말하려고 조용히 다가오지 않았던가?
또는 저 높은 데서, 무슨 찬사를 당신이 쓰도록 맡겨졌다,
마치, 작년에, 산타 마리아 포모사 성당의 장식 널빤지에
새겨진 명판(銘板)과도 같은.
그들이 내게 바라는 건 그들의 죽음에 관한 불공평한
처사를 조용히 없애 달라는 것이다—저 위로 올라가는

길에 때때로 그들의 영혼을 가볍게 방해하는 그것을.

물론 지상에 더 이상 살지 않는다는 건 이상하다,
간신히 시간을 들여 익힌 관습을 포기하는 것,
장미를 보지 못하고 또 다른 유망한 **사물**을 인간의 미래라는 견지에서 보지 못하는 것; 더 이상
한없이 걱정하는 손 속에 있지 않다는 것; 자신의
이름조차 마치 아이가 제 부서진 장난감을 버리듯
쉽게 잊는다는 것은.
자기의 욕망들을 더 이상 욕망하지 않는다는 건 이상하다.
한때 얽혀 있던 의미들이 사방으로 떠다니는 건
이상하다. 그리고 죽었다는 건 힘든 일이며
그가 점차 영원의 표지를 느낄 수 있기 전까지는
구출하는 일로 차 있다—비록 살아 있는 이들이
스스로 만들어 낸 너무 뚜렷한 구별을 믿는 건 옳지 않지만.
천사들은 (그렇게들 말한다) 자기들이 움직이는 데
있는 이들이 산 자인지 죽은 자인지 모른다. 영원한 분류가
모든 시대에 걸쳐 그 속에서 소용돌이치고, 영원히
그 두 영역을 아우르며, 그리고 그들의 목소리는
그 천둥과도 같은 포효 속에 들리지 않게 된다.

결국 일찍 죽은 이들은 더 이상 우리가 필요치 않다:
그들은 지상의 슬픔과 기쁨에서 놓여났다, 아이들이 자라
어머니의 부드러운 젖에서 벗어나듯이 살며시. 그러나 우리,
그런 엄청난 신비가 필요하고 슬픔이 흔히
정신의 성장의 원천이 되는 우리가 그들 없이
존재할 수 있을까?
리노스를 위한 애도에서, 대담한 첫 선율이 불모의
마비를 꿰뚫었다는 전설은 의미 없는 것인가;
그런 뒤 신처럼 사랑스런 한 젊은이가 문득
영원히 떠나 버린 놀란 공간, 그 **허공**은
이제 우리를 황홀하게 하고 위로하고 돕는 가락을
처음으로 느꼈느니.

『두이노의 비가』는 릴케가 1911/1912 겨울 파리 폰 툭른 운트 탁시스 호헨로에 공작부인의 두이노 성에 머무는 동안 쓰였다. 그는 한 편지에서 "마음과 가슴에서 나온 그런 폭풍이 한 사람을 엄도하리라는 것을 난 몰랐다"고 썼다. 두이노의 비가는 그렇게 시작되었던 것이다.

제1 비가에 함께에 나오는 '천사'는 기독교의 천사와는 아무 상관이 없고, 2의 둘째지에 따르면 "(천사는) 보이지 않는 것 속에서 실재의 보다 높은 차원에 대한 인지를 보강 하는 존재이다."

'우리의 설계정된 세계'와 관련해서는 「오르페우스에게 부치는 소네트」(1부) 16번 첫째의 다음 구절 참조.

우리는 걸음마다 발이나 손길으로
접하는 세계를 우리 자신의 것으로 만든다,
비록 ~~애매~~ 그것이 허약하고 가장
불안정한 부분일지라도.

'사랑에 빠진 여자들'이나
'젊어서 죽은 이들' 라 관련해서는
다음의 릴케의 편지 참조.

"나에게 인간에 대해 말해 준
것 — 광대하게, 나의 듣기를
공간으로 가득 채우는 강렬한 권능으

가지란—은 젊어서 죽은 이들과,

그보다 더 절대적이고 순수하게

무진장한 걸으로서의

'사랑에 빠진 여자'이다."

가스파라 스탐파(1523-1554)는

이탈리아의 귀족 여인인데

코랄디노 디 코랄토 백작에 대한

그녀의 불행한 사랑을 2백 편

가량의 소네트로 썼다.

　　　　＊　　　　＊

릴케가 천사에 대해서

한 말 "(천사는) 보이지 않는 것

속에서 실재의 보다 높은

차원에 대한 인지를 보장"하는

존재라는 말은 얼마나 깊고 높고

드넓은 울림을 갖고 있는가!

그러한 기쁘나 슬픔을 느끼는

영혼이야말로 스스로 그러한

천사가 아니고 무엇이랴.

그리고 시인은 모름지기 그러한

울림의 끊이지 않는 메아리 속에서 사는 사람인 것이다.

그리하여 '이건 두려움의 시작일 뿐인데, 그건 우리가 겨우 견디고 있는 것'이라는 말은 바로 시인이 '천사'라고 부르는 존재가 하는 말이다. 그 말은 인간의 삶과 예술에 대해 우리가 그동안 해 온

취정들 — 환경 제한들입네

틀림없는 취정들을 뿌리로부터

흔들어놓서 우리로 하여금

생각과 느낌의 중립에서

헤어날 수 있는 계기를

벽력같이 제공하고 우리의

삶이 옳은 쪽으로 열리게

하기 때문이다!

『두이노의 비가』는 릴케가 1911/1912년 겨울 마리 폰 투른 운트 탁시스 호헨로헤 공작부인의 두이노 성에 머무는 동안 쓰였다. 그는 한 편지에서 "마음과 가슴에서 나온 그런 폭풍이 한 사람을 압도하리라는 것을 나는 몰랐다"고 썼다. 두이노의 비가는 그렇게 시작되었던 것이다.

「제1비가」 첫머리에 나오는 '천사'는 기독교의 천사와는 아무 상관이 없고, 그의 편지에 따르면 "(천사는) 보이지 않는 것 속에서 실재의 보다 높은 차원에 대한 인지를 보장"하는 존재이다.

'우리의 설명된 세계'와 관련해서는 「오르페우스에게 부치는 소네트」(1부) 16번 첫머리의 다음 구절 참조.

우리는 한 마디 말이나 손짓으로
점차 세계를 우리 자신의 것으로 만든다,
비록 그 가장 허약하고 가장 불안정한 부분일지라도.

'사랑에 빠진 여자들'이나 '젊어서 죽은 이들'과 관련해서는 다음의 릴케의 편지 참조.

"나에게 인간에 대해 말해 주는 것—광대하게, 나의 듣기를 공간으로 가득 채우는 고요한 권능을 가지고—은 젊어서 죽은 이들과, 그보다 더 절대적이고 순수하며 무진장한 것으로서의 '사랑에 빠진 여자'이다."

가스파라 스탐파(1523~1554)는 이탈리아의 귀족 여인인데 코랄티노 디 코랄토 백작에 대한 그녀의 불행한 사랑을 2백 편 가량의 소네트로 썼다.

* *

릴케가 천사에 대해서 한 말 "(천사는) 보이지 않는 것 속에서 실재의 보다 높은 차원에 대한 인지를 보장"하는 존재라는 말은 얼마나 깊고 높고 드넓은 울림을 갖고 있는가!

그러한 기미와 눈짓을 느끼는 영혼이야말로 스스로 그러한 천사가 아니고 무엇이랴. 그리고 시인은 모름지기 그러한 울림의 끊이지 않는 메아리 속에서 사는 사람인 것이다.

그리하여 '미는 두려움의 시작일 뿐인데, 그건 우리가 겨우 견디고 있는 것'이라는 말은 바로 시인이 '천사'라고 부르는 존재가 하는 말이다. 그 말은 인간의 삶과 예술에 관해 우리가 그동안 해 온 규정들—필경 제한들임에 틀림없는 규정들을 뿌리로부터 흔들면서 우리로 하여금 생각과 느낌의 궁핍에서 헤어날 수 있는 계기를 벽력같이 제공하고 우리의 삶이 무한 쪽으로 열리게 하기 때문이다!

작가연보

1875년   12월 4일, 체코 프라하 출생
1894년   첫 시집 『인생과 노래』 출간
1895년   프라하 대학 문학부 입학, 두 번째 시집 『가신에게 바치는 제물』 출간
1896년   프라하 대학 법률 학부로 전공 변경
1897년   시집 『꿈의 관』 출간
1898년   시집 『강림절』, 단편집 『삶을 따라서』 출간
1899년   시집 『나의 축일에』 출간, 소설집 『사랑하는 신의 이야기와 기타』 집필
1901년   조각가 클라라 베스트호프(1878~1954)와 결혼
1902년   파리에 체류하며 로댕(1840~1917)을 방문, 『형상시집』 출간
1903년   로댕의 집에 머물면서 그의 전기 『로댕론』을 씀
1905년   『기도시집』 출간
1907년   『신시집』 출간
1910년   소설 『말테의 수기』 출간
1921년   마지막 안식처가 된 스위스 발리스 지방의 뮈조 성으로 이사
1923년   시집 『두이노의 비가』, 『오르페우스에게 부치는 소네트』 출간
1926년   불어 시집 『과수원』 출간, 장미 가시에 찔려 패혈증이 악화됨

	발몽 요양소에 입원, 12월 29일에 백혈병으로 세상을 떠남
1927년	1월 2일, 유언에 따라 바위 언덕 위 교회 옆에 묻힘, 묘비에는 릴케가 미리 써 놓은 묘비명이 새겨짐

'장미여, 오 순수한 모순이여, 그 많은 눈꺼풀 아래
그 누구의 잠도 아닌 기쁨이여'

잃어버린

신비는

세게

~~않어놓는다~~